W9-ASL-434

DATE DUE

EL SOL

**Linda Aspen-Baxter
and Heather Kissock**

SPANISH & ENGLISH eBOOKS

AV²
BY WEIGL™

ADDED VALUE • AUDIO VISUAL

Go to **www.av2books.com**, and enter this book's unique code.

BOOK CODE

T751059

AV² by Weigl brings you media enhanced books that support active learning.

This AV² media enhanced book gives you a fully bilingual experience between English and Spanish to learn the vocabulary of both languages.

English   **Spanish**

AV² Bilingual Navigation

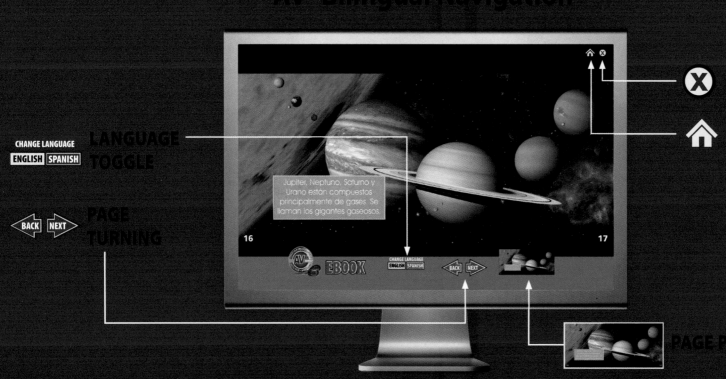

CHANGE LANGUAGE
ENGLISH | SPANISH

LANGUAGE TOGGLE

BACK | NEXT

PAGE TURNING

Jupiter, Neptuno, Saturno y Urano están compuestos principalmente de gases. Se llaman los gigantes gaseosos.

16   17

EBOOK   CHANGE LANGUAGE ENGLISH | SPANISH   BACK | NEXT

X CLOSE

HOME

PAGE PREVIEW

2

EL SOL

CONTENIDO

4

El Sol es una estrella amarila.

5

El Sol es una bola de gas muy caliente.

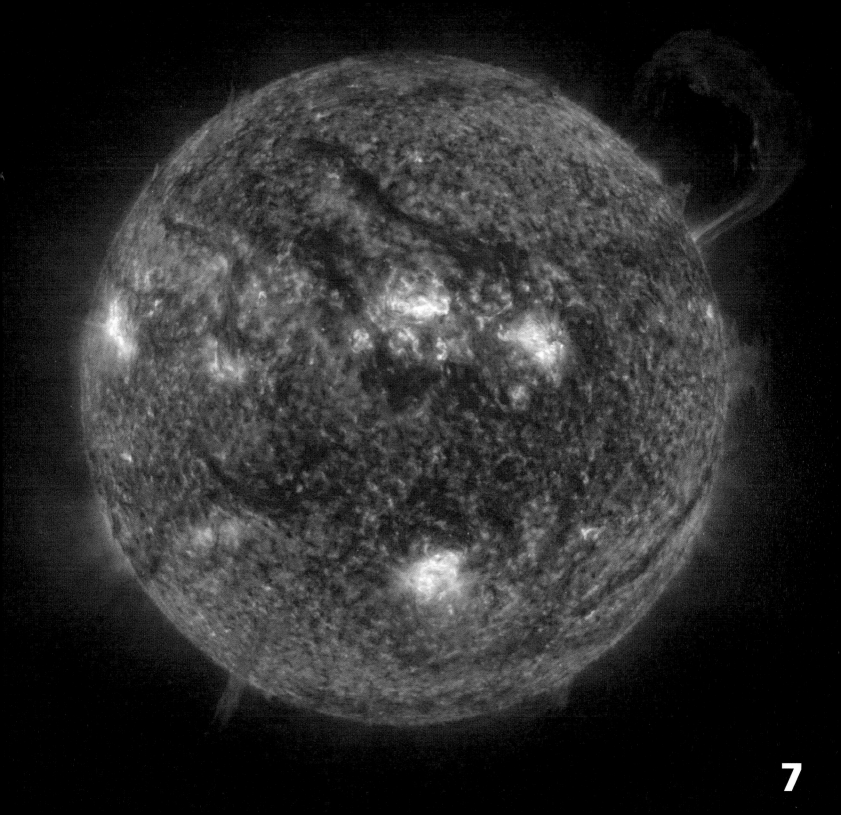

7

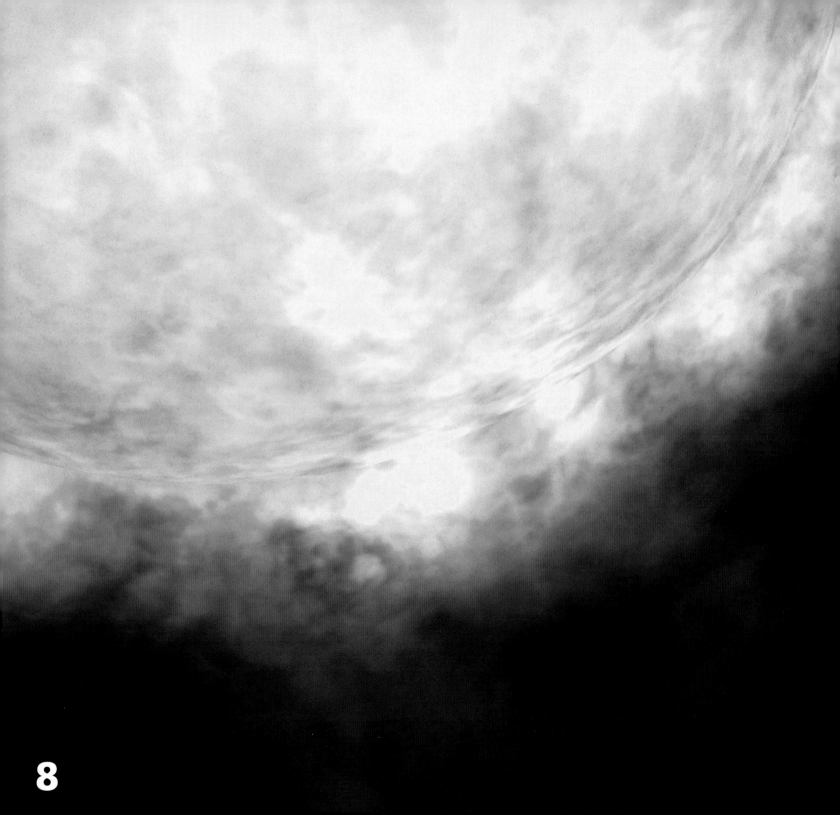

8

El Sol está más cerca de la Tierra que cualquier otra estrella.

El Sol brinda calor y luz a la Tierra.
Hace que las cosas vivan y crezcan.

Las plantas usan la luz del Sol para producir su propia comida.

13

El Sol calienta el aire en la Tierra.
Esto produce viento y lluvia.

La Tierra se mueve alrededor del Sol en una trayectoria. Esta trayectoria se llama órbita.

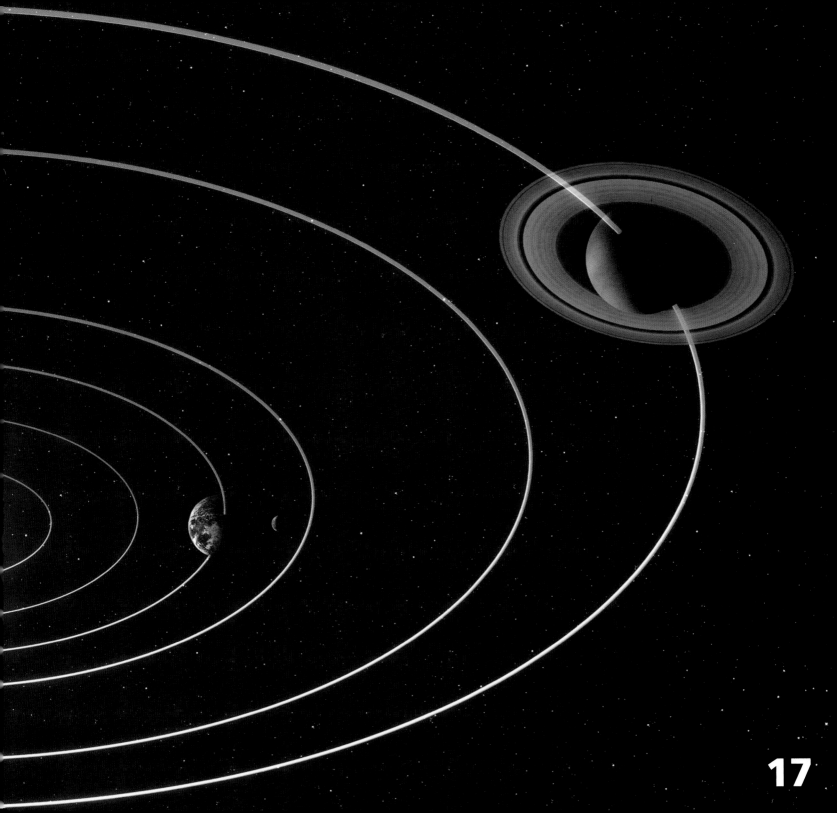

La Tierra gira como un trompo a medida que orbita el Sol. Una vuelta es un día.

Cuando la Tierra le da la cara al Sol, es de día. Cuando la Tierra no le da la cara al Sol, es de noche.

DATOS ACERCA DEL SOL

Esta página proporciona más detalles acerca de los datos interesantes que se encuentran en este libro. Basta con mirar el número de la página correspondiente que coincida con el dato.

Páginas 4–5

El Sol es una estrella amarilla. Es la más cercana a la Tierra y el objeto visible más brillante. El Sol se formó de estrellas moribundas. Tiene unos 4.5 mil millones de años. Es una clase de estrella enana amarilla. Emite un resplandor amarillo.

Páginas 6–7

El Sol es una gran bola de gas muy caliente. Su gas principal es el hidrógeno. La Tierra cabría dentro del Sol aproximadamente un millón de veces. Su superficie es de unos 10,000° Fahrenheit (5,538° Celsius.) Hace aún más calor encima y debajo de su superficie. El núcleo del Sol es de unos 27,000,000° Fahrenheit (15,000,000° Celsius).

Páginas 8–9

El Sol está más cerca de la Tierra que cualquier otra estrella. Está a unos 93 millones de millas (150 millones de kilómetros) de la Tierra. La estrella que le sigue en proximidad es Próxima Centauri. Está 270,000 veces más lejos de la Tierra que el Sol.

Páginas 10–11

El Sol brinda calor y luz a la Tierra. Da vida y crecimiento. El Sol produce energía en la forma de calor y luz. Tarda unos 8 minutos en llegar a la Tierra. Todo organismo en la Tierra depende de la energía del sol para su supervivencia. Sin ella no habría vida en la Tierra.

Páginas 12–13

Las plantas usan la luz del sol para producir su alimento. Todos los alimentos del mundo requieren la energía del sol para crecer. Las plantas verdes usan la energía de la luz del sol para producir su alimento. Este proceso se llama fotosíntesis. Los animales y los seres humanos comen plantas. Ingieren la energía del sol almacenada dentro de las plantas.

Páginas 14–15

El Sol calienta el aire en la Tierra, lo que produce viento y lluvia. Al calentarse, el aire se vuelve menos denso y asciende. El aire frío es más denso que el caliente, y ocupa el lugar que dejó el aire caliente. Este movimiento de aire genera el viento. A medida que el aire caliente asciende, se enfría y condensa para producir precipitación.

Páginas 16–17

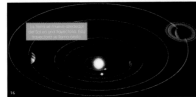

La Tierra se mueve alrededor del Sol en una trayectoria qu llamada órbita. Otros 7 planetas también orbitan el Sol. El tiempo que un planeta tarda en completar una órbita es su año. La Tierra tarda 365 días en orbitar el Sol. Las estaciones cambian según la posición de la Tierra en su órbita.

Páginas 18–19

La Tierra gira como un trompo a medida que orbita el Sol. Una vuelta es un día. A medida que la Tierra orbita el Sol, ésta gira sobre su eje. Tarda 24 horas en completar una vuelta, por lo que el día tiene 24 horas.

Páginas 20–21

Cuando la Tierra da cara al Sol, es de día. Cuando la Tierra no da cara al Sol, es de noche. La rotación de la Tierra explican el día y la noche. La Tierra es una esfera, así que cuando un lado gira hacia el Sol (día), el lado opuesto gira fuera del Sol y es de noche.

Check out av2books.com for your interactive English and Spanish ebook!

Jupiter, Neptuno, Saturno y Urano están compuestos principalmente de gases, se llaman los gigantes gaseosos.

16

EBOOK

1 Go to av2books.com

2 Enter book code

T 7 5 1 0 5 9

3 Fuel your imagination online!

www.av2books.com

Published by AV² by Weigl
350 5ᵗʰ Avenue, 59ᵗʰ Floor New York, NY 10118
Website: www.av2books.com   www.weigl.com

Library of Congress Control Number: 2012021230
ISBN: 978-1-61913-219-1 (hardcover)

Printed in the United States of America in North Mankato, Minnesota
1 2 3 4 5 6 7 8 9 0 16 15 14 13 12

062012
WEP100612

Senior Editor: Heather Kissock
Art Director: Terry Paulhus

Weigl acknowledges Getty Images as the primary image supplier for this title.